AF230585

E. LIVET

L'Institution Livet

et l'Enseignement dans la seconde moitié du XIXe Siècle

HISTOIRE DE CET ÉTABLISSEMENT

Naissance de l'Enseignement technique en France

NANTES

IMPRIMERIE C. MELLINET — BIROCHÉ ET DAUTAIS, SUCC^{rs}

ÉDITEURS DES " ANNALES DE LA SOCIÉTÉ ACADÉMIQUE

5, Place du Pilori, 5

1905

E. LIVET

L'Institution Livet

et l'Enseignement dans la

seconde moitié du XIXᵉ Siècle

HISTOIRE DE CET ÉTABLISSEMENT

Naissance de l'Enseignement technique en France

NANTES

IMPRIMERIE C. MELLINET — BIROCHÉ ET DAUTAIS, SUCCᵣˢ

ÉDITEURS DES " ANNALES DE LA SOCIÉTÉ ACADᵉ QUE "

5, Place du Pilori, 5

1905

A MONSIEUR FRÉDÉRIC PASSY

MEMBRE DE L'INSTITUT

Hommage respectueux de profonde gratitude

A MES ENFANTS ET PETITS ENFANTS

A MA FAMILLE

A MES COLLABORATEURS

A MES ANCIENS ÉLÈVES

A LA SOCIÉTÉ ACADÉMIQUE DE NANTES

Qu'il me soit permis d'offrir ici l'expression de ma bien vive reconnaissance
à M. Rébelliau, bibliothécaire de l'Institut;
A M. Gilles, Inspecteur général de l'Instruction publique;
A M. Forsant, Inspecteur primaire, qui, par leurs encouragements, leur
aide ou leurs conseils, m'ont facilité la publication de ces pages.

AU LECTEUR

Quel titre donner à ces pages? Est-ce un livre? Évidemment non. Est-ce une brochure? Oui, si l'on en juge par le format et par l'étendue. Mais les brochures, en général, sont des thèses ou des plaidoyers; on y discute des idées ou l'on s'y met en représentation.

Rien de pareil ici. L'auteur, il est vrai, y parle de lui; il n'y parle, pour ainsi dire, que de lui. Jamais pourtant (et c'est ce qui en fait la valeur et le charme), jamais pages ne furent plus simples, plus désintéressées, en même temps que plus émues, plus naïves et moins personnelles, si par personnel on entend la préoccupation du moi, qui est haïssable.

Ce n'est pas, d'ailleurs, de son propre mouvement, c'est à la sollicitation de la Société Académique de Nantes, dont il est membre, que M. Livet, sortant à 85 ans du silence qu'il avait jusqu'alors gardé, et se défendant d'avoir songé à écrire, s'est décidé à causer familièrement pendant quelques heures de son passé, c'est-à-dire de son œuvre: de la maison, de la grande maison qu'il avait, pendant un demi-siècle, élevée et dirigée, au centre de la ville de Nantes.

Quel passé, en vérité, et quelle œuvre! A 25 ans, seul, sans ressources, sans protection, sans relations, petit instituteur débarquant au milieu d'une cité de plus de cent mille âmes, concevoir, comme il avoue l'avoir conçue, la folle pensée de conquérir cette ville, et la conquérir, en effet! La conquérir, par la seule force de ses services, à la science et à l'honnêteté laborieuse; y édifier, pierre à pierre et jour après jour, de son cœur et de son sang, un monument alors sans précédent et sans égal, le plus beau modèle des

Ecoles industrielles! Devenir et rester, pendant la moitié d'un siècle, le type du bon et intelligent éducateur, le distributeur par excellence de l'enseignement industriel et de l'enseignement civique ; verser chaque année par centaines, dans les rangs de l'armée du travail, de jeunes recrues qui la fortifient en la renouvelant ; et mériter de s'entendre décerner, dans sa vieillesse, par la bouche des petits et des humbles, le titre de " Grand fabricant d'hommes ": c'est une existence qui n'est point banale, on l'avouera, et qui méritait bien d'être racontée pour l'édification des jeunes et aussi, hélas! pour la confusion de ceux (puisqu'il y en a eu) qui n'en ont pas compris la grandeur.

Remercions la Société Académique de Nantes de nous en avoir procuré l'attachant récit; et ajoutons, en rendant hommage au noble vieillard que nous nous honorons d'avoir toujours apprécié, et que nous aurions voulu plus utilement soutenir, que, de quelques ingratitudes et de quelques injustices qu'il ait pu avoir à souffrir, avec quelque tristesse qu'il soit réduit à songer, au terme de sa vie, à ce qu'il avait été en droit de rêver pour sa maison et pour sa famille, il peut refaire, le front haut, devant tous, son examen de conscience. Il a été un homme et il a donné des hommes à son pays et à l'humanité. Il y a des gens qui le savent et à qui il est doux, en même temps que douloureux, d'avoir à en porter témoignage.

Frédéric PASSY,

Membre de l'Institut.

Qu'étais-je ?

(1820-1846)

I

Je suis né le 13 août 1820 à Vernantes, Maine-et-Loire. Mon père, ancien sergent des grenadiers de la Garde impériale, avait été décoré au siège de Soissons en 1815. Cette décoration, obtenue pendant les Cent jours, ne fut pas reconnue par le gouvernement de Louis XVIII. On le décora de nouveau, sous Charles X, en 1828. Nommé brigadier de gendarmerie à Vernantes en 1816, il s'y maria ; en 1820, il avait déjà trois enfants. En 1825, il fut nommé maréchal-des-logis à Château-la-Vallière, Indre-et-Loire. C'est à mon séjour dans cette localité que remontent mes premiers souvenirs. Une route royale traversait cette petite ville. Une de mes premières impressions fut le passage de la *Chaîne*, longue suite de forçats, enchaînés deux à deux, marchant à pied, bravant les moqueries, les insultes des passants, et y répondant par les paroles les plus grossières. Ils enduraient les plus grandes privations, les plus dures fatigues. Ma charitable mère ne pouvait voir ce spectacle sans en être attendrie, elle nous faisait partager sa pitié, et nous envoyait, quoique bien jeunes, mes sœurs et moi, demander des secours pour ces misérables ; nous les leur distribuions avec plaisir, et ils les recevaient avec reconnaissance.

Je commençai à apprendre à lire. Comment ? Je n'en sais rien. Je m'exerçai à écrire des lettres d'écriture bâtarde grosse comme les doigts. L'instruction, pour les tout jeunes enfants, était bien bornée à cette époque. Mon père y suppléait le mieux qu'il le pouvait. Le soir avant de me coucher, en me faisant chauffer les pieds devant l'âtre, il m'apprenait la table d'addition et de multiplication. Je cite ce fait, car mon père procédait pour l'instruction en même temps et de la même manière que ma mère pour la prière. Ils me firent entrer prière et calcul simultanément dans la mémoire, et d'une manière inoubliable.

Ici, je donnerai quelques détails qui feront connaître ce qu'était l'enseignement avant 1830. L'Instituteur était le plus souvent un ancien séminariste qui savait sans doute du latin et du grec, mais qui n'avait nulle idée de la profession que les circonstances lui faisaient embrasser. Je le voyais entrer dans la classe, avec un bonnet de coton. Un gros croûton à la main, il le frottait d'ail et étendait dessus une couche de beurre. Heureux le nez qui n'a pas respiré cet air empesté ! Les élèves apportaient le bois pour le chauffage. Chacun à son tour présentait son morceau de bois sous la hache, afin qu'un camarade le coupât pour le poêle. Un jour, j'y mis ma bûche, un de mes petits camarades me poussa. Heureusement que celui qui tenait la hache n'était pas fort, deux de mes doigts auraient suivi le morceau de bois : ils ne furent qu'entamés.

Mon père quitta Château-la-Vallière pour habiter Bourgueil en 1828. J'avais huit ans. Je savais alors ce que les enfants savent aujourd'hui à 5 ou 6 ans, mais je n'avais pas comme eux l'esprit un peu ouvert par des explications ; j'ignorais ces historiettes qui forment le cœur, ces petites connaissances variées qui ouvrent l'esprit.

J'entrai au collège tenu par des prêtres, hommes instruits sans doute, mais qui ne connaissaient guère la manière d'enseigner. Dès huit ans on étudiait le latin, bien qu'on ignorât sa propre grammaire. On avait conservé dans l'établissement l'usage des punitions corporelles ; c'étaient la règle carrée ou plate pour les petits garçons et les petites fautes, la patoche pour les grands élèves et les fautes graves. Qu'était-ce que la patoche? Une rondelle de cuir épais, avec une queue, que le maître tenait à la main, et dont il frappait celle du patient, celui-ci faisant tous ses efforts pour ne pas en ressentir les effets cuisants. Un jour, j'étais en faute — il paraît —; mon maître, qui m'aimait cependant beaucoup, me donna sur l'épaule un coup de règle que je méritais sans doute. Il ne me fit pas mal; cependant, à la sortie de classe, je priai un de mes camarades de visiter l'endroit où j'avais été frappé. Il aperçut un petit point bleu, je fus assez méchant pour m'en réjouir. Pendant le déjeuner, je me mis à frotter mon épaule, jusqu'à ce que mon père s'en aperçût. Il me demanda ce que j'avais. « M. Agnès, mon maître, m'a donné un *grand* coup de règle. — Fais voir, mon ami, » me dit mon père. Après avoir examiné : « J'irai voir ton maître, le remercier; il faut qu'il t'aime bien pour te corriger ainsi. »

Bonne leçon. Je sentis instinctivement que, si je ne voulais point de coup de règle, il ne fallait point en mériter.

Je devais entrer à 6 heures au collège pour l'étude du matin. Je voulais arriver à l'heure, et ne point réveiller mes parents. Je me levais doucement et partais sans que personne m'entendît; mais la clarté de la lune me trompait, souvent je partais trop tôt; la porte du collège était fermée, je me promenais longtemps, seul dans la rue.

En 1830, j'avais bientôt dix ans ; la Révolution éclata. L'agitation de Paris gagna rapidement la province, et dans les campagnes, les incendies étaient fréquents. Je voyais parfois arriver à la ville de pauvres sinistrés conduisant des charrettes chargées de leurs meubles à moitié brûlés. Au dehors, les paysans montaient la garde autour de leurs maisons. La vue de ces événements attendrissait mon cœur et y développait encore ces sentiments de pitié et de charité que mes parents y cultivaient toujours.

C'est à cette époque que m'advint une aventure qui m'im-

pressionna vivement. Il y avait, non loin de la maison
que j'habitais, un petit ruisseau faisant tourner un moulin.
Je me promenais un jour sur les bords de ce cours d'eau ;
un garçon un peu plus âgé que moi vit venir un jeune
abbé, fils du meunier nommé Démon, et s'approchant
de moi, me souffla : « Dis donc couac ». Je le dis
sans malice, sans aucune mauvaise intention. Le jeune
séminariste courut sur moi, et me donna un soufflet. Je
ne vous dirai point mon étonnement, ni combien je fus
mortifié. Je ne pouvais me rendre compte pourquoi j'avais
été frappé. Je ne l'oubliai pas ; pendant de longues années,
je conservai le souvenir de cette humiliation, à mes yeux,
si injuste. J'en parlais à l'occasion. J'étais loin de penser
que jamais je reverrais cet abbé, ou entendrais parler de
cet incident.

Plus de cinquante ans après, un monsieur décoré, de
belle apparence, vint demander, à l'institution Livet, des
renseignements pour y placer son petit-fils ; lui-même
était directeur d'une école primaire supérieure à Orléans.

Mon fils lui fit visiter l'établissement. Il parut enchanté,
et me confia son enfant. Nous fîmes plus ample connaissance : j'allai le voir. Plus tard, il prit sa retraite à Paris,
où je lui fis d'autres visites. Il s'appelait Démon. La simi-
litude de ce nom avec celui de mon meunier de Bourgueil,
père de l'abbé qui m'avait donné ce soufflet, qui m'était
resté sur la joue et sur le cœur, m'avait surpris. Je lui
demandai d'où il était. « Ah ! mon ami, je suis de bien
loin d'ici. — De Bourgueil ? lui dis-je instinctivement ». —
Il me regarde étonné. — « Votre père était meunier ? Vous
aviez un frère dont je conserve un bien mauvais souvenir,
depuis plus de cinquante ans. — Et pourquoi ? » Je lui
racontai mon histoire. Il me saute au cou, m'étreint dans
ses bras, couvre de baisers ma joue qui avait été
frappée. — « Ah mon ami ! je n'ai point eu de frère, c'était
moi, j'étais au séminaire. Quels reproches je me fais ! Je
viens par mes baisers d'effacer cette gifle sur votre figure ;

j'espère qu'elle le sera de votre cœur. Ce n'est pas tout :
la première fois que vous reviendrez à Paris, je réunirai
quelques amis, et là, en public, je recommencerai à demander pardon et oubli ».

A propos de ce M. Démon, un autre fait me revient en
mémoire. Pour entretenir cette nouvelle relation, basée
sur l'amitié, et le désir commun de satisfaire le besoin
de nous fortifier dans la connaissance de notre profession,
nous nous faisions des visites réciproques. Lors d'une de
ces visites, j'eus l'occasion de voir une exposition scolaire
qui avait lieu à Orléans. Je m'empressai de m'y rendre,
désireux de m'approprier ce que j'y trouverais de bon et
d'utile. Au cours de ma visite, je m'aperçus que les instituteurs se rendaient dans une des salles du lycée. On me
dit qu'un célèbre conférencier devait y prendre la parole.
Vite, je suivis mes collègues ; mais, arrivé à la porte, je
trouvai un monsieur à l'air sévère, qui me demanda qui
j'étais et ce que je désirais. A ma réponse, il objecta qu'il
ne pouvait permettre à un étranger au département d'as-
sister à cette réunion. J'allais me retirer, lorsqu'il me
rappela, et me dit qu'il y avait une place libre, au
plus haut des gradins, et que je pouvais essayer de m'y
placer. J'y parvins et fus très étonné de voir dans le conférencier un de mes plus anciens bienfaiteurs : M. Frédéric Passy. L'orateur parla longuement, tenant attachés
par le plus vif intérêt ses nombreux auditeurs. Il parla
surtout de l'importance du choix des livres de lecture ;
quand il eut à peu près achevé : — « Il me reste, dit-il, à
vous citer un livre qui excitera tout votre intérêt, j'en suis
persuadé ; il a pour titre « Francinet », écrit par un de nos
bons écrivains ; il m'a été indiqué par un de mes amis,
M. Livet, que vous voyez au haut des gradins ». — Tous
les yeux se tournèrent vers moi ; on sembla me regarder
avec curiosité. M. l'Inspecteur, étonné, s'empressa, à la fin
de la séance, de venir s'excuser, et de m'expliquer que,
s'il m'avait connu, il m'aurait reçu avec plus de bienveil-

lance; mais il avait obéi à une consigne, ce que je compris facilement. Il témoigna ses regrets, en m'accordant son amitié, et en marquant son vif intérêt pour l'œuvre que j'avais fondée.

A huit ans, quoique ne sachant que très peu de choses, j'avais été mis au latin. Je n'étais pas très intelligent; l'enseignement d'alors n'était point fait pour m'ouvrir l'esprit. Il aurait fallu que l'on éclairât la route que l'on voulait me faire parcourir; qu'on me montrât l'intérêt, le but, la récompense; qu'on fît naître en moi le désir d'apprendre en m'indiquant l'utilité de l'étude; piquant ma curiosité, on eût intéressé mon esprit. Aucune explication n'était donnée. On arrivait à la classe, inquiet si l'on répéterait le mot à mot de leçons que l'on ne comprenait pas. Le devoir était corrigé sans aucune explication. Si la leçon n'était pas sue, si le devoir était mal fait, il y avait la règle ou la patoche qui vous faisait entrer le tout dans l'esprit, en vous frappant sur la main.

Je ne m'intéressais guère à l'étude, mais j'aimais les livres. Il y avait dans le grenier de mes parents, une barrique, où se trouvaient quelques vieux volumes, et parmi eux, la vie des hommes illustres de Plutarque; je me cachais dans cette barrique, et m'absorbais dans la lecture. La vie de ces hommes m'intéressait beaucoup, et j'étais heureux d'avoir trouvé cette retraite, qui me permettait de mieux savourer mon plaisir. Mon premier prénom est Alexandre; je m'enthousiasmais à lire l'histoire d'Alexandre. Moi aussi, je voulais être un Alexandre; cependant rien ne me faisait trouver le moyen d'y arriver. J'étais toujours seul, taciturne, poussant beaucoup en bois, peu en fruits. Si mon corps grandissait, mon esprit ne se développait pas.

En 1830, nous quittâmes Bourgueil pour aller en Beaufort-en-Vallée (Maine-et-Loire). Je laissai les premiers éléments du latin pour étudier ceux du français. On ne m'enseigna guère mieux l'un que l'autre. Le principal, aussi mauvais pédagogue que les maîtres que je venais de quitter, était probablement aussi fort en latin et en grec. Instruit sans doute ; mais il était mal préparé pour donner le nouvel enseignement qu'établissait la loi de 1833. Je passai quatre années, de dix à quatorze ans, temps si précieux pour les études, sans acquérir beaucoup, et découragé de continuer un enseignement mal donné, malgré le dévouement d'un maître si au-dessous de sa tâche. C'était un « maître », il m'inspirait de la crainte et me dégoûtait de l'étude.

Il était bien loin de réaliser l'idée que je me faisais d'un maître que j'aurais aimé comme un second père, s'il avait su m'inspirer la confiance et me témoigner quelque intérêt.

Si les maîtres, dans mon enfance, laissaient tant à désirer sous le rapport de mon instruction et de mon éducation, mon père et ma mère s'efforçaient par leurs conseils et leur exemple de développer dans mon cœur les meilleurs sentiments, surtout la justice et la charité.

En 1830, la cherté des vivres causait la plus grande misère ; le pain même manquait dans un grand nombre de familles. Les gendarmes sous les ordres de mon père s'imposaient les plus grandes privations. Comment nourrir une famille avec 550 fr. par an ? Notre gêne égalait presque la leur. Nous étions six enfants, et mon père n'avait que 750 fr. de solde ; il s'oubliait lui-même et faisait tous ses efforts pour soulager les familles de ses subordonnés. Il allait, le soir, en cachette, quêter pour eux dans les maisons bourgeoises. Un jour on lui donna un pain noir. « Mes enfants, nous dit-il, je n'oserai jamais donner ce pain à M. J. ; si vous le voulez, nous lui donnerons le nôtre, et nous mangerons le sien. Nous frappâmes de joie nos petites mains, excités par l'attrait de la nouveauté et le plaisir d'être agréable à nos chers et si bons parents. Quel exemple, quel fruit retire une famille de ces fréquentes leçons de bonté et de charité ! Toute ma vie, j'ai essayé de mettre en pratique ces si simples — et si grandes — leçons de charité. Soyez-en bénis, cher père et bonne mère. Si j'ai pu vous imiter, même de loin, soyez encore bénis.

Je m'ennuyais dans ce collège, où je perdais mon temps, où rien ne satisfaisait mon vague désir de faire quelque chose, où personne ne cherchait à développer mon esprit et mon cœur.

En 1834, la rentrée se faisait, mais je ne rentrai pas. Mon père me demanda ce que je voulais faire. J'avais 14 ans. Je lui dis que je voulais m'engager comme élève-trompette à Saumur, devenir soldat, puis, en moi-même je pensais, général, comme je l'avais rêvé depuis mon enfance.

Au moment où j'allais envoyer ma demande, le maire me fit proposer une place de sous-maître dans une école primaire que l'on fondait, par application de la loi de 1833.

Le maître, qui sortait d'une de ces écoles normales nouvellement fondées où l'on formait des jeunes gens instruits, promit de me donner des leçons. Je crus que j'avais enfin trouvé un maître suivant mon désir. Il n'en fut rien. J'allais reprendre mon projet d'engagement militaire, lorsque l'instituteur de Mazé, bourg voisin, vint me proposer encore une place de sous-maître. Je fus encore déçu dans mon espoir, Je résolus alors d'entrer moi-même dans une école normale, pour y acquérir les connaissances que je désirais tant. J'avais espoir que, plus instruit, il me serait plus facile d'arriver au but que je me proposais : être soldat, pour devenir naturellement général. Entré à l'École normale, j'eus le bonheur d'avoir un enseignement plus intelligent. J'appris à penser, à raisonner ; je travaillai avec un courage extraordinaire. J'acquis des connaissances théoriques et pratiques qui me semblaient bien suffisantes pour réaliser mes projets militaires. J'étais bien éloigné de vouloir suivre la carrière de l'enseignement, de songer à devenir instituteur.

A la fin de mes années d'étude, mon père, qui ne se

doutait nullement de mes intentions, me parla comme si je devais être instituteur. Je lui fis connaître mon projet. Il me témoigna son étonnement et me pria d'essayer au moins un an. J'étais l'aîné de la famille, il avait de bien lourdes charges, il prenait de l'âge, et il pensait que s'il venait à manquer, je serais un appui pour ses autres enfants. Je cédai à ses désirs et aux larmes de ma mère.

C'est alors que l'on me proposa une place d'instituteur à La Pouèze, petit bourg de Maine-et-Loire. Un instituteur, sorti de l'Ecole normale, avait scandalisé le pays par sa mauvaise conduite ; l'administration désirait y voir un bon maître pour rétablir l'honneur de l'école. Le poste était si médiocre que, pour me décider à accepter, on me promit que je n'y resterais qu'un an. Le traitement annuel était de 200 fr., sur lesquels il y avait 10 fr. de retenue ; je touchais aussi 50 fr. pour la mairie et les élèves devaient me payer 1 fr. 50 par mois, mais ils étaient si peu nombreux que ce n'était qu'une faible ressource. Je n'y allai qu'à la condition d'en sortir et de m'engager comme soldat, si je ne pouvais me suffire. Je ne voulais point être le moins du monde à la charge de mes parents, qui avaient d'autres enfants à élever. Mais lorsque je me décidai à aller prendre possession de cette pauvre place, un de mes camarades, qui était du pays, avait pris les devants, et s'était présenté seul, sans aucune autorisation de nos chefs. Il avait été accepté. Lorsque j'arrivai, on me fit connaître l'incident, dont je fus heureux. Je courus à Angers, prévenir le Directeur de l'Ecole normale ; il me dit de retourner, qu'il viendrait m'installer le lendemain. Alors on réunit le comité local, et après un long débat, où je fus marchandé comme un bourriquet en foire, et en ma présence, il fut décidé que j'aurais l'honneur d'être le maître d'école du village : « L'écolier ou l'écolieu » suivant le terme et la prononciation du pays.

Mes débuts furent bien tristes. J'étais un enfant : 18 ans, sans expérience ; mon prédécesseur, qui m'avait vendu son ménage 100 fr., avait profité de mon absence de quelques jours, pour le vendre une seconde fois, en toucher le prix et disparaître. Je pris pension chez M. le Maire, qui s'appelait Polo ; il mangeait à la gamelle avec ses serviteurs après m'avoir fait servir. Au bout de quelques jours, je lui demandai ce que je payerais. (Il avait 15,000 fr. de rentes.) « Je vous prendrai 1 fr. 50 par jour, ce n'est pas cher. — Oui, M. le Maire ; mais je ne gagne que 50 centimes par jour, je ne pourrai pas vous payer » : et je me mis à pleurer. Je me retirai dans ma chambre. Je fis moi-même ma cuisine. Quelle cuisine ! Mais j'allais voir les paysans ; j'ouvrais de grands yeux, comme un affamé, sur les chaudières remplies de pommes de terre que l'on faisait cuire ; on m'en offrait, et je comblais gaiement les vides, à la grande joie des paysans qui me voyaient avaler leurs pommes de terre avec tant d'appétit : ainsi je ménageais mon pain.

Ma position s'améliora bientôt. On perçait des routes, en consacrant à ce travail les journées de prestation. J'étais chargé tous les jours d'aller relever le travail des paysans. On me donnait 0 fr. 50 pour aller piétiner en hiver deux heures dans la boue, voir les ouvriers et leur besogne. Je me trouvai assez riche pour donner 0 fr. 05 pour me faire tremper la soupe. Ah ! quelle soupe ! soupe au saindoux et aux cives, dont l'odeur repoussait à dix pas, et dont le goût me suit encore, comme celui de l'huile de foie de morue.

Malgré tout, je réussissais bien auprès des habitants.

J'étais d'abord supporté, puis aimé ; je me plaisais là. M. le Curé me voyait d'un meilleur œil ; il m'invitait à sa table avec les marguilliers, et, si je n'ai pas perdu le souvenir de la soupe au saindoux et aux cives, je me rappelle également le bon foie aux prunes de M. le Curé.

J'étais aussi chargé des actes de l'Etat-civil. La mairie était ma classe, et ma classe était une cave sombre, ayant comme parquet de la terre grasse, où les pieds des enfants, toujours en mouvement, faisaient des trous qu'il me fallait combler, lorsque je nettoyais la salle et la curais à la pelle. On y célébrait les mariages : alors je la faisais un peu plus propre. Il fallait fixer les tables sur le sol, où le nivellement insuffisant de la terre grasse faisait d'avance danser les invités. Au premier mariage, quand tout fut en ordre, les mariés et les invités bien en place, les registres ouverts sur la table du maître d'école, je courus chercher M. le Maire. « M. le Maire, les mariés vous attendent, tout est prêt. — Mille gueux, votre prédécesseur faisait bien les mariages, vous pouvez bien les faire aussi ». Et je dus ajouter à mon rôle de maître d'école, balayeur, et secrétaire de mairie, celui de maire, officier de l'Etat-civil. A dix-huit ans, je commençai à faire les mariages, et ne reçus jamais aucune observation pour cette violation de la loi.

Une famille noble du village m'honorait de sa bienveillance, j'oserai dire de son amitié ; elle me faisait l'honneur de m'inviter à sa table, au grand étonnement de tous les habitants. On y recevait la première noblesse : comtes, marquis, ducs et duchesses, notamment la duchesse de Luynes, petite-fille du châtelain. Un jour, en me voyant arriver, le fils de la maison, un savant, qui voyageait et écrivait des ouvrages sur la Russie, en collaboration avec le prince Demidoff, me dit : « Vous arrivez à propos ; Mesdames et moi, nous discutons sur l'orthographe du mot Hippolyte ; ces dames prétendent qu'il faut Hyp, et moi, je crois que c'est Hip.; et vous? » Moi, pris au dépourvu, ignorant, et voulant faire l'aimable, je donnai raison aux belles dames. Le jeune homme fit alors appel à ses connaissances du grec, et s'entêta doucement dans son opinion. Et moi qui m'aperçus de ma faute, j'en rougis, et regrettai de plus en plus d'être ignorant ; j'avais honte de savoir si peu. J'étais dans mon village, moins instruit que quelques autres qui avaient une profession, et puisque j'ignorais encore ce que la mienne exigeait, je me considérais comme n'en ayant pas.

Quelle honte ! pour moi surtout qui aspirais à devenir quelque chose ! Comme j'étais loin du généralat, désir de mon enfance ! Je sentais la nécessité de m'instruire et je n'en avais nul moyen. Des livres ? je n'avais point d'argent. Des professeurs ? Il n'y fallait pas songer. Je passai ainsi deux années, espérant toujours l'avancement qu'on m'avait promis. Au bout de ce temps, je fus nommé dans une école qui devait être meilleure, à St-Mathurin-sur-Loire, où ma mère, veuve, avait obtenu un bureau de poste.

Dans mon premier emploi, j'avais remplacé un garçon peu honnête ; dans le second, je succédai à un vieillard qui, suivant l'usage de cette époque, ajoutait à son petit traitement quelque autre moyen de faire bouillir son pot : il vendait, le dimanche, des gâteaux aux assemblées ! Moi, je venais en jeune maître moderne ; on m'accordait 200 fr. de plus par an, soit 1,000 fr. ; il y avait 200 élèves, mais les élèves ne payaient aucune rétribution. J'installai mon école à la moderne, j'eus beaucoup de succès. Je prenais goût à la profession ; je mis mon école sur un pied tel que mon Inspecteur à sa première visite me trouva au-dessus de mon emploi, comme si c'était possible ! Il me demanda si je voulais aller comme maître-adjoint à l'Ecole normale d'Angers. Mes aspirations encore inconscientes allaient enfin se réaliser. J'acceptai avec enthousiasme.

Le Maire de la commune que je quittais, mécontent de mon départ, ne voulut point me donner, à ma sortie, les deux cents francs qu'il m'avait promis. Je me plaignis à la Préfecture. Le chef de division me répondit qu'il « fallait s'accoutumer aux injustices des grands ».

Je me consolai de cette injustice. J'avais soif d'instruction. J'allais m'en donner, ou plutôt, j'allais m'en faire donner. Etant encore élève à l'Ecole normale, j'avais vu un manuel du baccalauréat entre les mains d'un jeune homme. J'y avais lu : « Notions de philosophie, de psychologie », en un mot des sciences qui traitent de la connaissance de l'homme ; je les ignorais complètement. J'avais conservé le souvenir de cet événement, souvenir éloigné, mais très vivace et que je me plaisais à évoquer. Pour cultiver son esprit et celui des autres, il fallait connaître les lois de l'esprit. Comme l'agriculteur, l'instituteur, me disais-je, a besoin de connaître le terrain qu'il veut cultiver, pour en tirer le meilleur parti possible.

J'avais relativement de très beaux appointements, et il m'était venu le désir de consacrer toutes mes forces à la profession que les circonstances m'avaient amené à embrasser. J'étais alors âgé de 21 ans.

Je pris des professeurs de latin, de grec, de rhétorique, de philosophie, de mathématiques spéciales, de physique, de chimie. Prévoyant l'utilité de l'étude des langues vivantes, je voulus apprendre l'anglais ; j'en fus découragé par la difficulté de trouver un bon professeur.

On ne m'avait pas fait venir à Angers pour que je prisse des leçons : c'était pour en donner. Mais je savais ce qui me manquait : à tout prix je voulais me le procurer. Des professeurs complaisants et aimables secondèrent mon désir. Les uns me donnèrent leurs leçons avec le plus grand désintéressement ; je citerai M. A. E. Desjardins, professeur d'histoire, plus tard membre de l'Institut ; M. de Lens, professeur de philosophie, ensuite Inspecteur d'Académie : d'autres me les faisaient payer ; je ne regrettais point mon argent ; je me procurais un trésor bien plus précieux. J'avais lu : « Etudie ta profession, tu deviendras savant. » Je voulais me rendre apte à remplir le plus dignement possible les obligations d'une profession si utile et si noble. Dans quelle autre trouve-t-on en effet une aussi belle récompense, puisqu'en élevant les autres, on s'élève soi-même ? Comment ne pas devenir bon, quand on recommande si instamment aux autres de l'être toujours ? Comment ne pas désirer de s'instruire, quand on engage à chaque instant ceux que l'on instruit à acquérir toutes

les connaissances qui peuvent contribuer au perfectionnement qui est le but de la vie?

Les cours de pédagogie pratique que je faisais aux élèves
de l'École normale m'étaient d'une très grande utilité personnelle. J'étais chargé de leur faire appliquer dans une
école les leçons qui leur étaient données dans toutes les
branches de l'enseignement. Je basais mes leçons sur
l'étude du développement de leurs facultés et de leur
emploi. Guidé, pendant plusieurs années, par les savantes
leçons de philosophie de M. de Lens, professeur au lycée
d'Angers, je mettais à profit cette parole d'un grand savant
que cite saint François de Sales : « La bonne manière
d'apprendre est d'étudier ; la très bonne est d'écouter ; la
meilleure est d'enseigner. »

Avant la loi sur l'enseignement primaire (1833), le corps
enseignant, si l'on peut donner ce nom aux maîtres isolés
qui enseignaient la lecture et l'écriture, n'était composé que
de maîtres improvisés : domestiques du curé, sacristains,
chantres, anciens séminaristes, dont la vocation n'avait
point persisté ; déclassés de tout genre, dont quelques-uns
avaient un commencement d'instruction secondaire qu'ils
ne pouvaient utiliser; nulle connaissance de la profession.
On enseignait dans un alphabet dit *Croix de par Dieu ;* on
continuait en ânonnant une lecture de mots auxquels l'enfant ne comprenait rien. Les maîtres étaient loin de s'imaginer que ce qu'ils faisaient était l'embryon de cette profession qui devait arriver à de si heureux résultats. L'obli-
gation d'avoir des maîtres formés spécialement pour l'enseignement donna l'idée de la création des Écoles normales,
pépinière de jeunes maîtres appelés à rendre les plus grands
services : instruire les hommes, faire leur éducation, éclairer leur esprit, cultiver leur cœur, afin de rendre le plus
utile possible leur court passage sur la terre. Mais il fallait
du temps avant d'avoir ces nouveaux maîtres. En attendant
qu'ils fussent formés, on essaya d'améliorer les anciens. On
fit venir chaque année ces maîtres de 18 à 60 ans, par escoua-

des de 40 à 50, afin de les initier autant que possible aux nouvelles méthodes. J'étais chargé de ce cours, ce qui me priva de vacances pendant cinq années. Je ne sais pourquoi les jeunes et espiègles normaliens avaient surnommé « trous de choux » ces élèves d'un nouveau genre. Ces maîtres réunis formaient un ensemble des plus pittoresque : variété d'âge, de costume, d'instruction ; mais, phénomène singulier, assis sur les bancs des élèves, ces hommes, qui affectaient une gravité que l'on croyait nécessaire, indispensable autrefois, à ceux que l'on désignait sous le nom mal compris de pédagogues, ces hommes, si graves séparément, devenaient de vrais écoliers, distraits, se faisant de petites niches et des malices. Ils redevenaient enfants et s'amusaient comme des enfants. Un jour, un instituteur distingué d'un chef-lieu d'arrondissement, membre du comité local et instruit dans son genre, un homme de 60 ans, à cheveux blancs, grand-père, courait après un de ses collègues : il brise une branche de pommier ; craignant qu'on ne s'en aperçût et se rappelant, sans doute, ce qu'il avait vu faire par un de ses élèves, il fait disparaître la branche, prend un peu de terre, la délaye, en fait un emplâtre avec lequel il cache la blessure de l'arbre. Content de son travail, il saute en l'air (pas bien haut, il avait 30 ans dans chaque jambe), fait une pirouette et retombe sur ses pieds ; mais, en sautant, il avait vu le directeur qui riait de bon cœur ; ses camarades en firent autant et il eut le bon esprit de les imiter.

En faisant revenir ces maîtres à l'École, on avait aussi pour but de les initier à la connaissance des nouvelles mesures qui, seules, devaient être en usage en France à partir de 1840.

Comment se faire une idée de l'ignorance de tous et de la difficulté de leur expliquer l'utilité et la simplicité du nouveau système ?

Pour faire comprendre à ces maîtres qu'un mètre carré vaut cent décimètres carrés, il fallait le dessiner sur le sable ; qu'un mètre cube vaut mille décimètres cubes et équivaut à la contenance de plus de quatre barriques ; qu'un décimètre cube est la contenance d'un litre ; qu'un mètre cube d'eau pèse 1,000 kilogrammes, etc., il fallait faire une démonstration sensible ; tout ce qui n'avait pas été expérimenté restait discuté.

Je passai cinq années ainsi, travaillant de toutes mes forces, utilisant toutes mes ressources ; j'étais à même d'étudier ma profession et de mûrir les idées qui germaient dans mon esprit et que je voulais réaliser. Mais dans l'enseignement public, l'initiative n'est guère permise ; la lumière doit venir d'en haut ; les modifications sont ordonnées par l'administration seule.

Je demandai une autre position à M. le Recteur, qui me proposa de me donner une place d'Inspecteur ; je dus refuser. Cet emploi était alors moins avantageux que le mien, et d'ailleurs ne me permettait point l'initiative dont je désirais faire preuve.

C'est alors que je fis un voyage à Nantes. Mon ancien Directeur d'Ecole normale, M. Provost, y était en retraite. Je lui fis connaître l'impasse où je me trouvais. Il en prit note. Quelque temps après, il m'écrivit que le directeur d'une petite école primaire libre désirait la céder, ses élèves l'abandonnant chaque jour. J'espérais que les élèves qui le quittaient, par suite de son peu d'expérience de la profession, me reviendraient lorsque l'enseignement s'y donnerait dans de meilleures conditions. Le prix qu'il en demandait était peu élevé. Je me décidai, plein de l'espoir que je pourrais mettre à exécution les idées pédagogiques que j'avais acquises par plus de dix années de pratique dans l'enseignement.

Je devais entrer en possession de l'école le 1er juillet 1846. Je partis d'Angers, par le bateau à vapeur, le 30 juin et arrivai à Nantes le 1er juillet à 3 heures du matin, sans fortune, mais riche d'espérance, de jeunesse, d'énergie et d'un ardent désir de réussir.

Mes ressources avaient été entièrement consacrées à mon instruction, qui n'était pas cependant aussi étendue que je l'aurais désiré ; mais j'avais acquis, développé cette instruction en l'appliquant à la profession à laquelle je voulais employer toute la vigueur de mon esprit, tous les sentiments de mon cœur.

Je quittais une ville que j'aimais, où j'étais aimé, estimé : que me réservait celle où j'étais inconnu, où je ne connaissais personne ?

Les habitants n'y accueillent pas les étrangers avec empressement, surtout un instituteur qui n'est pas riche. J'étais bien perplexe. Toutefois mon vif désir de bien faire me donnait confiance et espoir.

En quittant le bateau, moi, petit instituteur, toujours obsédé de cette idée de mon enfance d'être un conquérant, en apercevant les quais, je me dis, en moi-même : « Quand je pense que voilà une ville qu'il me faut conquérir ! »

J'étais à Nantes. Qu'allais-je y devenir ? Qu'y suis-je devenu ?

Qu'ai-je fait ?

(1846-1898)

II

En arrivant à Nantes, le 1er juillet 1846, je m'empressai d'aller voir le maître que je venais remplacer. Il me laissa seul un instant, réunit ses élèves, et sans aucune explication, me présenta à eux comme leur nouveau maître, puis partit, me laissant seul avec eux. Personne n'avait été prévenu ; on peut juger de l'effet produit.

L'école était au n° 9 de la rue des Capucins, elle occupait le rez-de-chaussée d'une grande maison qui abritait une quantité de locataires d'espèces bien diverses.

Quand je dis rez-de-chaussée, c'est une manière de parler ; car l'école était au premier étage si on entrait par le n° 34 du quai de la Fosse, et au sous-sol si l'on entrait par la rue de l'Héronnière. C'était une sorte de trou que cent fenêtres dominaient. Dans la cour, suffisamment spacieuse, se trouvaient, adossées au mur, des cabines en bois qui servaient de classe. (On peut encore les voir). Il y en avait trois qui comptaient chacune une dizaine d'élèves.

Le Directeur faisait la classe aux plus avancés ; un vieil abbé, aux moyens ; une dame âgée, aux plus jeunes. Cette école ne valait pas à beaucoup près une bonne école de campagne dirigée par un bon maître.

Je me mis courageusement à l'œuvre. Je pensais que les vacances arrivaient à la fin du mois. Aurais-je le temps suffisant pour me faire connaître et donner aux élèves le désir de revenir après les vacances ? C'était une question de vie ou de mort.

La rentrée eut lieu dans d'assez bonnes conditions. Je m'efforçais de donner à mes élèves les connaissances que j'avais tant désiré posséder à leur âge. On leur enseignait le dessin, l'anglais, la musique. Toutes les leçons étaient faites d'une manière attrayante, avec de nombreuses explications qui intéressaient et satisfaisaient l'esprit des enfants. Ce genre d'enseignement leur plut beaucoup ; l'année suivante, les élèves vinrent plus nombreux. Ils aimaient une école où ils étaient l'objet des soins les plus attentifs et les plus affectueux.

L'Etablissement avait été fondé avenue de Launay, avec, comme directeur, l'abbé Sellier. Plus tard, il avait été transféré rue d'Alger, toujours dans la paroisse Notre-Dame, dont il prit le nom « Pension Notre-Dame ». Il fut ensuite, tout en conservant son nom, établi rue des Capucins, paroisse de Saint-Nicolas. L'abbé Sellier le vendit à M. Couteau. Jusque-là, on y donnait l'enseignement secondaire, mais il fut ensuite cédé à un instituteur qui y donna l'enseignement primaire et ne réussit pas ; c'est à cet instituteur que je succédai.

Il y avait alors, dans la paroisse Notre-Dame, une institution de demoiselles, fréquentée par les jeunes filles des premières maisons de Nantes. J'ai rarement vu une aussi belle réunion d'élèves. Je la considérais avec tout l'intérêt qu'excitait en moi le désir d'avoir un jour un aussi bel ensemble de jeunes gens. Cette école si prospère, objet de mon admiration, disparut tout d'un coup. Il semblait que toutes ces belles demoiselles se fussent envolées.

Le local devenait trop grand pour le petit nombre d'enfants qui restaient. Les Directrices résolurent de le quitter et d'établir un petit externat primaire, rue Voltaire ; mais il ne fallait pas qu'une autre pension de jeunes filles la remplaçât ; elles auraient probablement perdu le peu d'élèves qui leur restaient. M. le Curé de Notre-Dame, d'accord avec elles, désirait y installer une pension de garçons. Quoique je fusse sur la paroisse Saint-Nicolas, j'avais conservé l'habitude de conduire mes élèves à Notre-Dame. M. le Curé vint me trouver, me fit sa proposition, et me dit que, si je ne l'acceptais pas, il s'adresserait à un autre.

Je lui fis connaître ma situation : j'avais employé mes très faibles ressources à installer ma maison plus convenablement : la vie était très chère ; le pain coûtait 3 fr. à 3 fr. 50, et encore ce pain, si cher, était à peine entré dans la maison qu'il n'était plus mangeable, tant il était moisi. Je devais. J'étais endetté et n'osais l'avouer. D'ailleurs, je n'avais que 1,400 fr. de loyer et même je sous-louais, pour 700 fr., une partie de la maison à des ouvriers. Le local que l'on m'offrait était loué 2,200 fr. M. le Curé me pressa le plus amicalement possible, m'envoya même deux de ses vicaires qui me décidèrent. J'acceptai à condition que le loyer serait abaissé à 1,800 fr. On me le promit, mais comme rien n'avait été écrit, la promesse fut oubliée. Quelques jours après cette décision, éclatait la révolution de février 1848 qui remettait tout en question ; tout, excepté mon engagement. Rien ne peut exprimer les craintes que j'éprouvais. Je fis moi-même mon déménagement, à la faveur de la nuit, au mois de juin.

Je devais six mois de loyer, soit 700 fr.; mes sous-locataires ouvriers m'en devaient la moitié, mais ils ne voulaient et ne pouvaient rien me donner. Après avoir remis 350 fr. pour mon loyer personnel, je me vis réclamer, par le propriétaire, la part des sous-locataires. Je ne pus la lui payer. Un avoué me menaça en son nom de faire vendre mon mobilier. A qui m'adresser ? Je ne connaissais personne, et je n'étais pas connu. Je voyais ma position perdue et mon avenir à jamais brisé. Désespéré, honteux, je courus à Angers, j'en rapportai l'argent qu'un ami me prêta. Je le portai chez le propriétaire. Qu'on juge de mon étonnement, de mon éblouissement, et aussi de mon indignation, lorsque j'entrai dans son cabinet, où étaient rangés tout autour, les uns sur les autres, de nombreux sacs de mille francs. A cette époque on ne voyait guère d'or ni de billets de banque. Pour 350 fr. que je ne lui devais qu'à moitié, puisque c'était aussi ce que devaient les ouvriers, mes sous-locataires, mon très riche propriétaire allait me réduire au désespoir, ruiner mes espérances de tant d'années, sans aucun souci de ce que j'allais devenir.

Je repris courage cependant, mais je redoutais beaucoup la rentrée d'octobre. Les événements politiques, le changement de local et de paroisse me causaient les plus vives inquiétudes.

Ma rentrée se fit dans d'assez bonnes conditions cependant : j'avais 80 élèves. La prospérité venait doucement, mais progressivement ; au bout de quelques années, j'avais, en 1856, 200 élèves. Malgré cette réussite apparente de mon institution, des causes aussi malheureuses qu'inattendues m'avaient plongé dans une grande gêne : il fallait y mettre ordre. En 1856, je devais près de 20,000 fr. et étais très affecté de cette situation et dévoré par de grands chagrins. J'arrivai cependant, en 1862, à combler un déficit si considérable, et je repris de nouveau courage ; le malheur était réparé et, si le chagrin restait, la plaie d'argent, du moins, était presque fermée.

Le nombre de mes élèves augmenta bientôt dans des proportions telles que le local devint insuffisant. J'avais grandi dans le silence et le succès paraissait désormais assuré. Toutefois, je n'étais connu qu'administrativement des autorités administratives. Quel chef, quel journaliste même eût osé parler d'un homme qui faisait concurrence aux établissements du gouvernement et aussi aux écoles congréganistes ? Je demeurais inconnu. Je m'attachais, d'ailleurs, plutôt à cacher qu'à publier ces succès qu'on ne s'expliquait pas et qu'on ne me pardonnait pas ; car, le croirait-on, j'avais moins de peine à les obtenir qu'à me les faire pardonner. Enfin, l'établissement, quoi-

que agrandi quelques années avant, devint encore insuffisant. Il fallait prendre d'autres mesures. La grange de la
maison voisine, que j'avais fait disposer en classes, avait
été bientôt toute remplie. Vainement je cherchais dans le
voisinage. Pour loyer, on exigeait un prix représentant la
valeur de l'immeuble. J'étais dans une grande perplexité.

J'avais, à cette époque, un professeur de dessin, M. Blondel, propriétaire d'un vaste terrain, rue Sainte-Marie, sur
lequel se trouvaient quelques constructions, un petit hôtel,
une école de tout jeunes enfants, une crèche, des jardins.
Il désirait le vendre. Mme Say, propriétaire riveraine, m'a-
vait prié d'en demander le prix. Il voulait 80,000 fr.
Mme Say en offrit 76,000, que le propriétaire n'accepta pas.
Là-dessus, le terrain fut mis en adjudication. La veille de
la vente, un de mes professeurs, que j'avais chargé de louer
un immeuble auprès de chez moi, se demanda pourquoi
je n'achèterais pas le terrain de son collègue. Il m'emmena
avec lui, me fit visiter cette grande propriété, 6,000 mètres carrés environ, en ville. Il pensait que j'y pourrais facilement installer de belles classes, dont j'avais si grand besoin. Quand il
m'eut tout fait visiter, il me demanda comment je trouvais
cette propriété, sans me dire sa secrète pensée. Je lui dis que
je la trouvais magnifique. « Eh bien ! me dit-il, il faut que
vous l'achetiez. — Moi ? mais je n'ai rien. Vous savez que
je sors d'un embarras financier où je devais sombrer. —
C'est égal, pensez-y ; la vente aura lieu demain, à midi.
— Ah ! lui dis-je, cela ne m'empêchera pas de dormir ».
— En effet, je n'y avais guère songé jusqu'à onze heures,
une heure avant l'adjudication. A ce moment, une simple
curiosité me porta à me rendre chez le notaire. J'y courais
lorsque je rencontrai M. de St-Quentin, notaire à Bouaye,
père d'un de mes pensionnaires. — « Où courez-vous si
vite ? me dit-il. — Je vais voir une vente de terrain. —
Qu'est-ce ? » Le plan se trouvait affiché sous nos yeux. Je
le lui fis voir. — « Mais c'est un beau terrain ; il vous conviendrait bien. — Certainement. — Hé bien ! Il faut l'ache-

ter. — Je l'achèterais bien ; mais..., mais je n'ai pas d'argent. — Combien en veut-on ? — 80,000 fr. — Vous donneriez bien quelque chose ? » — J'hésitais ; puis je pensai qu'ayant à ce moment un peu d'argent disponible, je pourrais peut-être compter sur l'aide de quelques amis et donner 10,000 fr. — « Hé bien ! j'ai le reste pour vous. — Est-ce sérieux ? — Attendez-moi quelques minutes ; je vais chez un de mes collègues. » — Il revint aussitôt. — « J'ai 80,000 fr. pour vous. » — Je me rendis à la vente ; je racontai mon aventure au vendeur. — « Écoutez la lecture du cahier des charges, me dit-il ; je vous promets de vous laisser la propriété au prix qu'il indiquera. » Mais ce n'était plus 80,000 fr. : c'était 92,000. Jugez de ma déception. Il n'y fallait plus penser. Avant qu'il ne fût question de moi, je lui avais donné le conseil de vendre par lots, et ensuite de remettre le tout en adjudication. Il en fut ainsi ; il y avait beaucoup d'amateurs, mais ils s'étaient entendus pour ne pas mettre d'enchères, et ensuite acheter séparément le morceau qui leur conviendrait. On mit le tout en vente à 92,000 fr. Les bougies s'éteignirent sans aucune enchère. — « Hé bien ! monsieur Blondel, lui dis-je, qu'allez-vous faire ? — Bah ! je vous l'avais laissé à 80,000 fr. pour Mme Say, j'accepte vos 80,000 fr. » — Mon notaire consentit et je devins propriétaire de ce magnifique terrain. — « Est-ce qu'il est riche, ce monsieur Livet, demanda un curieux à quelqu'un qui lui annonça cette vente. — Il n'a pas le sou. » — C'était presque vrai ; mais, Dieu merci, après bien des circonstances malheureuses, j'étais cependant riche de 80,000 fr. de crédit.

Qu'allais-je faire après un événement si inattendu, si avantageux ? J'avais 200 élèves ; je rêvai un établissement pour 300 que j'espérais.

Je pris un architecte peu connu, consciencieux, docile à ma volonté d'être économe et prudent. Nous fîmes le plan d'un bâtiment principal, composé de trois parties, suivant l'âge et le degré d'instruction des élèves. Le devis fut fait pour la première partie. Il s'élevait à 14,000 fr. J'y mis les plus jeunes élèves qui laissèrent la place libre dans l'ancien local aux deux autres sections. J'avais encore deux ans de bail dans la maison que je devais quitter. La maison fut vendue ; le nouveau propriétaire désirait y entrer le plus tôt possible ; il me proposa de m'avancer 10,000 fr., si je voulais me retirer l'année suivante. J'y consentis, d'accord avec l'entrepreneur, qui se mit à l'œuvre et construisit le corps principal qui devait coûter 30,000 fr.

Il n'y avait pas de pensionnaires dans ma première école. Il m'avait fallu plus de dix ans pour en avoir une dizaine. Inconnu dans la région, j'en avais donc encore un bien petit nombre quand je vins m'installer dans mon nouveau et superbe local, en 1864. Mais j'excitai bientôt la jalousie, en même temps que la faveur m'arrivait. Il ne faut pas s'en étonner ; je m'étais fait une place au soleil, sans l'aide de personne.

Depuis lors, mon succès ne cessa de s'affirmer. Le troisième bâtiment s'acheva en 1867. En 1869, mon fils ayant terminé les études qui lui étaient nécessaires, mis à même de choisir une carrière, me déclara, en fils dévoué, qu'il voulait partager mes travaux, me seconder dans une tâche qui devenait de plus en plus lourde. Je fis alors construire le bâtiment de façade sur la rue Sainte-Marie. Il devait servir de logement à ma famille et à moi. La confiance était née, avait grandi : si bien que le Crédit foncier me fit un prêt qui me permit de rembourser mes créanciers précédents et de faire construire la troisième partie du grand bâtiment principal. Un professeur de gymnastique m'avait proposé de construire un gymnase en planches qui devait lui servir ainsi qu'à mes élèves. Il le construisit rue des Coulées. Mais bientôt l'enseignement technique, que j'avais établi, prospéra au-delà de toute espérance. Je fus obligé de prendre la moitié du gymnase, pour y placer un plus grand nombre d'étaux et d'établis.

J'installai une fonderie dans l'ancien petit atelier. La guerre de 1870 éclata et aussitôt naquirent les plus graves préoccupations ; on réparait, on fabriquait des armes partout. Gymnase et ateliers furent réquisitionnés. J'offris aussi une partie des dortoirs pour installer une ambulance. On accorda à l'Etablissement la décoration de la Croix-Rouge, honneur auquel nous fûmes très sensibles, car nous attachions le plus grand prix à cette distinction.

Le calme revenu, le développement de la maison prit un nouvel essor. L'établissement comptait plus de 100 pensionnaires et environ 270 externes. L'atelier redevint trop petit. Je proposai à un ancien élève qui débutait dans les entreprises de me construire un atelier définitif. Le terrain avait 45 mètres de long, et on pouvait disposer de 10 mètres en largeur. L'entrepreneur ne voulait s'engager à n'en construire que la moitié ; mais tous les deux, également pleins d'ardeur et d'espérance, nous nous hasardâmes à faire le tout. J'eus ainsi un atelier de 450 mètres carrés, un des plus beaux de la ville. Grâce à quelques subventions du Ministère du Commerce, il fut meublé de magnifiques outils. Les élèves fabriquèrent une machine à vapeur de la force de huit chevaux. La baraque qui servait de gymnase fut placée rue Sainte-Marie.

Et la prospérité grandissait toujours ; les dortoirs étaient maintenant beaucoup trop petits, et je n'avais plus d'argent, ni de crédit pour faire construire. Un jour, un voisin, propriétaire, M. Dufour, ancien maire de Nantes, qui ne m'avait jamais parlé, passait devant l'Etablissement. J'étais à la porte. Après le salut d'usage, il s'approcha de moi, et, d'une manière fort aimable, me demanda à visiter l'Etablissement ; je m'empressai d'accéder à son désir. Après avoir tout visité, il se montra satisfait, j'oserai même dire étonné. Il me demanda avec intérêt si j'étais content. Il fallait bien dire oui puisque la maison ne pouvait même plus loger les élèves, qui devenaient chaque jour plus nombreux, ainsi que les professeurs naturellement. Il me faudrait absolument, lui dis-je, une construction de 44 mètres à 3 ou 4 étages. Je pourrais ainsi loger convenablement tout le monde. On m'a dit qu'il me faudrait au moins 60,000 fr. et je n'ai rien. Si j'avais seulement la moitié, j'oserais commencer ; il suffirait de trouver trois personnes disposant de chacune 10,000 fr. « Je serai la première, me dit spontanément M. Dufour ; M. Peltier, notre ami et notre voisin, sera la seconde, je vais lui en parler. Trouvez la troisième. » J'eus le bonheur de trouver le complément, et les ouvriers, confiants, se mirent à l'ouvrage. Je fus bien heureux, je pus loger plus de deux cents pensionnaires. Qu'on juge de ma joie, moi qui avais mis dix ans à en réunir dix. D'abord ignoré dans la contrée, j'étais maintenant connu très loin, et j'avais des internes de tous les pays. Quoique très nombreux, ils étaient bien disciplinés, et animés du meilleur esprit.

J'avais aussi fait construire des bureaux, et au-dessus, une école d'horlogerie, appuyée au mur de séparation d'une propriété voisine que j'achetai depuis. Il restait encore beaucoup à faire ; j'avais le désir de continuer, mais si l'établissement prospérait toujours, je vieillissais, sans m'en apercevoir.

De plus l'enseignement technique, dont j'avais été le promoteur, faisait partout de rapides progrès. Après s'être moqué de moi, on m'avait imité. La ville donna gratuitement cet enseignement qui me coûtait si cher ; les congréganistes qui n'avaient ni loyer, ni maîtres à payer, pouvaient le donner à bien meilleur compte que moi qui payais très cher mes professeurs, et avais en outre à désintéresser le Crédit Foncier, mon bailleur de fonds. Dans les départements voisins, d'où beaucoup d'élèves venaient suivre les cours de mon institution, on était jaloux de les voir quitter les écoles de leur localités ; on envoya des inspecteurs, des directeurs d'écoles, des architectes visiter mon établissement et prendre des renseignements, afin d'installer des écoles semblables. On venait aussi de l'étranger. En somme j'avais pour moi le succès et la gloire; mais au fond, l'avenir devenait inquiétant.

C'est alors que M. Buisson, directeur de l'enseignement primaire au Ministère de l'Instruction publique, après avoir visité l'établissement me proposa de le céder à l'Etat. Il avait formé le projet d'avoir pour l'Ouest une école régionale professionnelle, comme il venait d'en établir trois: une à Voiron pour le Sud, une autre à Vierzon pour le Centre, une troisième à Armentières pour le Nord. Ce projet, présenté à Jules Ferry, ne fut point mis à exécution. Jules Ferry avait écrit sur le dossier : « Ne jamais acheter cet établissement. » J'ai toujours supposé qu'on lui avait insinué que j'étais clérical.

Mais les succès croissants des élèves, dont le nombre augmentait toujours, au lieu de m'étourdir, ne me rassuraient pas. Le projet d'achat fut repris en 1896 par M. Buisson. Lors des premiers pourparlers, le Ministre avait envoyé l'architecte de son ministère qui, d'accord avec celui de la ville, avait estimé l'immeuble et le matériel 600,000 fr. A la reprise des négociations, M. Buisson me dit avec regret qu'il ne pouvait plus disposer que de quatre cent et quelques mille francs. J'avais dépensé près d'un million en modifications successives et en augmentations de mobilier et de matériel, puis j'avais payé un peu cher le crédit des entrepreneurs, et le taux des intérêts de mes emprunts forcés était très élevé.

Il me fallut accepter cette offre : je ne dirai point cette cruelle déception, qui me causait un véritable désespoir. Il ne me restait après le paiement de mes obligations qu'une bien faible somme, résultat de plus de soixante années d'un travail surhumain et de trente ans de collaboration laborieuse, et combien intelligente et dévouée de mon fils.

Encore n'était-ce là qu'un projet du ministre de l'Instruction publique, il fallait l'assentiment des Chambres. Après bien des démarches, de nombreux pourparlers, la proposition fut présentée à la Chambre des Députés qui l'accepta à l'unanimité. Je courus prévenir le ministre, il était huit heures du soir. Il fit préparer sa voiture et s'empressa de se rendre au Sénat pour en terminer immédiatement. Il arriva trop tard : la clôture venait d'être prononcée, un quart d'heure de retard nécessitait six mois d'attente. Enfin le projet fut définitivement voté, et l'entrée en possession décidée pour le 1er juillet 1898.

Nous devenions, mon fils et moi, étrangers à l'établissement que nous avions fondé.

Il nous fallait quitter cette maison que nous avions créée par la seule force de notre volonté et une si grande dépense d'énergie, d'inquiétude, de privations ! l'un et l'autre nous y laissions, moi, ma vie entière, mon fils, sa jeunesse et son âge mûr.

Comment peindre sa douleur, lorsqu'il se vit obligé de quitter une maison où il était né, où il avait été élevé, où il avait prodigué aux élèves, pendant plus de trente ans, des soins qui lui avaient attiré leur amitié, leur respect et leur reconnaissance. Il est des chagrins que rien ne saurait exprimer. Ses larmes abimaient, déchiraient mon cœur ; ses sanglots troublaient ma raison et m'ont laissé un souvenir qui me suivra dans la tombe.

Un père peut supporter avec courage les plus amers chagrins, mais il est sans force devant ceux de ses enfants. J'ai été le témoin impuissant de son désespoir quand il s'est vu forcé de quitter la maison qui devait lui appartenir un jour. La voir passer en des mains étrangères, se séparer d'élèves qu'il aimait tant, dont il était aimé et estimé ! Comment n'eût-il point éprouvé le plus violent désespoir ! Il ne pouvait pas s'éloigner de ces murs, qu'hier encore il arrosait de ses sueurs. Il fallut l'entraîner de force, le détacher des pierres qu'il tenait embrassées, qu'il arrosait de ses larmes.

On pensa que mon âge ne me permettait plus de continuer. J'avais soixante-dix-sept ans et soixante-trois ans de services. On promit à mon fils une position très convenable, mais la promesse ne fut point réalisée ; elle ne pouvait l'être, au moins telle qu'on l'avait cru réalisable.

J'exprime cependant ici ma sincère reconnaissance à MM. les Ministres de l'instruction publique et du commerce, qui m'ont assuré une modeste existence, tout en regrettant que cette faveur n'ait point été accordée à mon fils, qui l'avait si bien méritée par trente ans de services.

J'ai terminé la seconde partie de la tâche que je m'étais imposée. Après m'être fait connaître, j'ai voulu éclairer ceux qui ne pouvaient s'imaginer comment un instituteur sans fortune avait pu réussir à fonder un établissement si important. Quelle explication pouvait les satisfaire? Quand on ne peut trouver la raison du succès, on cherche à l'expliquer par l'adresse, la fraude ou le merveilleux.

On connait l'histoire de ce Romain, accusé de sorcellerie et de maléfices parce que ses riches et abondantes récoltes excitaient la jalousie de ses voisins, et qui, amené devant les juges, répondit, montrant son personnel, ses bœufs et ses instruments de travail, brillant par un fréquent usage : « Voilà mes maléfices ! »

Hé bien ! à ceux qui, ne me connaissant pas, m'accusaient d'être plus adroit qu'honnête, et d'avoir été soutenu par tel ou tel parti, je puis dire, moi aussi, en leur présentant les instruments de ma réussite : un fils intelligent, animé du plus ardent amour filial, qui a sacrifié la plus belle partie de sa vie à la réussite de mon œuvre ; un nombreux personnel de professeurs capables et dévoués, heureux de travailler, à mes côtés, à la prospérité d'un établissement qu'ils aimaient ; enfin, une quantité considérable d'élèves qui nous témoignaient leur reconnaissance en se faisant remarquer par leurs sentiments élevés, en prouvant partout, par les services qu'ils rendent à leur pays, l'excellence des moyens employés pour en faire d'honnêtes gens et des citoyens utiles : « Voilà mes sortilèges et mes maléfices ; voilà la raison de mes succès ! »

Mais, malgré l'excellence de cette collaboration et mon ardent désir de faire quelque chose d'utile, je n'y serais jamais parvenu sans la bonté, la forte volonté et le courage indomptable que mon père et ma mère avaient fait naître et développé en moi dès mon enfance. Ces dons précieux m'ont toujours porté à aimer le bien, à le pratiquer et à arriver quand même au but que je m'étais assigné et que j'ai poursuivi toute ma vie : Faire œuvre utile et durable.

Une fois de plus, j'ai prouvé que vouloir, c'est pouvoir; puisse cet exemple n'être point perdu pour ceux qui me liront : ce sera la vraie raison d'être de ce modeste travail et ma plus douce récompense.

Comment

j'ai essayé de faire

III

A mesure que les élèves devenaient plus nombreux, que
les bâtiments s'élevaient, j'améliorais mon personnel; je
perfectionnais mes méthodes. Je m'efforçais de justifier
le succès en redoublant de soins. Je développais, je mûris-
sais mes idées sur l'éducation. Ces idées naissaient, naturellement, de ma constante recherche des meilleurs moyens
d'utiliser, le mieux possible, le temps si précieux des élèves
qui m'étaient confiés.

Animé de ce désir, je le communiquais aux professeurs
qui m'entouraient ; tous, nous essayions de rendre l'étude
attrayante à nos élèves, en leur en aplanissant, au besoin,
les difficultés. Nous nous attachions à leur rendre clair
ce qui leur paraissait obscur, à leur montrer la nécessité
de ce qui leur paraissait inutile, tout en leur laissant la
satisfaction de penser qu'ils avaient une grande part dans
l'acquisition de leurs connaissances. Je voulais leur donner ce qui m'avait manqué dans mon enfance et ma jeunesse ; leur enseigner ce que j'avais tant désiré d'apprendre,
et désiré inutilement, parce que les professeurs d'alors,
quoique instruits, ne le savaient pas ou ne pouvaient l'enseigner. Ce n'étaient, pourrait-on dire, que des manœu-
vres de l'enseignement, et non des pédagogues. On ne
donnait aucune explication ni des choses, ni des mots, ni des
idées. La leçon du livre était répétée mot à mot, par cœur;
il n'existait aucune liaison de la leçon du jour avec celle de
la veille, ni rien qui fit prévoir celle du lendemain. Toute

étude était, comme une pièce d'étoffe coupée par morceaux, dont chacun paraissait indépendant du tout.

Toutes les méthodes ont été indiquées par de savants pédagogues ; elles ne sont, d'ailleurs, point nombreuses. Tout a été à peu près dit ; il n'y a que les moyens d'appliquer les méthodes, les procédés qui peuvent être renouvelés. Le succès en éducation dépend surtout du dévouement, du zèle du maître, de l'intérêt qu'il porte à ses élèves ; ces qualités l'amènent à trouver les moyens les plus ingénieux qui, avec le savoir, donneront aux élèves la joie de comprendre et d'acquérir. Il est bientôt récompensé de ses efforts par le plaisir qu'il éprouve à cultiver une âme, à l'élever, à voir se développer un homme.

En grammaire, combien d'années ai-je répété et fait répéter des verbes sans réfléchir à quoi pouvait servir cette multitude de formes du même mot ? A quel âge se rend-on bien compte (si on le fait jamais très bien) de ce que c'est qu'une conjugaison, de cette diversité des formes, qui explique, d'une manière si ingénieuse, les circonstances de mode, de temps et de personne où se fait une action ? Par combien de personnes l'action est-elle faite ou subie ? Quel rôle remplit celui qui l'accomplit ? Quand l'action a-t-elle eu lieu ? Une simple modification suffit pour le dire ; un seul mot pour l'exprimer.

En mathématiques, je m'appliquais à bien définir le sens des mots, quelquefois difficile à saisir, et qui, bien compris, jette une vive lumière qui satisfait l'esprit et lui rend souvent agréable une étude qui paraissait ennuyeuse.

Dès le plus jeune âge, le calcul oral est indispensable afin que, plus avancé, n'étant plus arrêté par les combinaisons des nombres, l'élève n'ait plus à s'occuper que du raisonnement. Pour résoudre un problème, il faut que l'élève soit habitué, avant de prendre la plume, à prévoir une réponse probable, afin qu'il n'arrive pas avec la plume à un résultat ridicule, qui donne à penser, même à un ignorant, que ce n'est pas la peine d'aller en classe pour y perdre le bon sens.

Le dessin linéaire, cette langue universelle, comment était-il enseigné? On donnait un modèle lithographié à l'élève qui promenait son compas dessus, prenait les mesures, les reportait sur une feuille de papier blanc, sans se rendre compte de la nature de l'objet qu'il représentait. Je sentis la futilité de cette méthode ; je mis devant les yeux des élèves les objets à représenter et je fis comprendre aux jeunes dessinateurs qu'il fallait conserver le souvenir de ces objets sur le papier, ou plus grands ou plus petits qu'ils ne l'étaient réellement, en conservant avec calcul les rapports des parties entre elles. Les jeunes gens furent vite habitués à prendre les croquis, à coter les mesures, et, au moyen d'une échelle, à conserver les rapports des parties.

Cette manière d'opérer leur plaisait beaucoup; en cultivant l'adresse de la main, elle ajoutait le plaisir d'un travail intellectuel qui pouvait être utilisé.

Je m'étais chargé de l'enseignement du français dans les dernières classes. C'est dans cette étude surtout que le maître trouve à chaque instant l'occasion de former l'esprit, le cœur de ses élèves. L'étude de la phrase, l'appréciation des pensées exprimées sont une occasion précieuse, un sûr moyen de semer dans leur cœur et d'y développer les sentiments dont les premiers germes ont dû être jetés par une mère vigilante. A chaque instant le maître trouve l'occasion de faire admirer le bien, de flétrir le mal. Le bien se réalise par la pratique de toutes les vertus, le mal par la négligence à se défaire des légères imperfections, qui deviennent des défauts et plus tard des vices. L'éducation morale se fait partout et toujours. Les occasions se trouvent à chaque instant. Il faut apprendre à l'élève à observer et à profiter de l'observation. Il faut aussi lui faire comprendre qu'on n'apprend pas seulement à l'école: l'éducation, comme l'instruction, s'acquiert durant toute la vie. C'est à l'école que le jeune homme doit se pénétrer de cette vérité que tout est enseignement pour l'homme qui sait regarder. On demandait à un vieillard qui avait longtemps enseigné et vivait seul chez lui : « Que faites-vous ? seul dans votre chambre, vous devez bien vous ennuyer ? — Moi ? je ne m'ennuie jamais, je travaille, je continue mon éducation. » Une bonne pensée semée dans un jeune cœur y produit souvent un prodigieux effet qui s'étend sur la vie entière.

Me rendant compte du profit que j'avais retiré de la lecture d'histoires morales qui m'avaient enthousiasmé, par l'exemple d'hommes de toutes les conditions qui, à force de travail et de persévérance, ont su mériter l'estime de leurs concitoyens, je m'appliquais à produire le même effet sur mes élèves, appropriant mes récits à leur âge. Je m'attachais à leur lire, depuis des petites histoires à leur portée jusqu'à la vie des hommes qui ont été des modèles pour tous. Ces lectures avaient pour but de les distraire de l'étude toujours un peu aride par elle-même, de leur donner le désir d'imiter les personnages remarquables, et de faire naître dans leur âme l'enthousiasme pour le bien et l'horreur du mal.

Je jouïssais du plaisir qu'ils éprouvaient, en voyant, après de longues épreuves, arriver au bonheur les hommes courageux, vainqueurs dans le combat de la vie. Il nous arrivait souvent de mêler nos larmes au récit des épreuves douloureuses, auxquelles les hommes énergiques n'ont point échappé, épreuves qui sont comme les ombres du tableau que présente l'humanité.

Ces lectures nombreuses me causaient bien quelques fatigues, mais comme j'en étais récompensé alors, par l'attention que me prêtaient les élèves et le désir qu'ils avaient de voir se renouveler ces entretiens ! Leur retour était attendu avec une impatience qui m'était des plus agréables. Je trouvais là une preuve bien évidente que j'avais atteint le but que je m'étais proposé : faire aimer le bien, et provoquer, exciter le désir de le pratiquer. J'en recueille encore le fruit aujourd'hui ; quand ils me rencontrent, mes élèves me rappellent telle ou telle histoire dont la moralité les avait frappés, et qui leur sert encore d'étoile dans le cours de leur vie. Ils lui attribuent leur réussite. Quelle récompense ! et quelle noble profession que celle de préparer l'enfance et la jeunesse à l'apprentissage de la vie et à la pratique du bien !

L'instruction que les élèves recevaient, l'ouverture d'esprit et le développement de leurs facultés qui en étaient la conséquence leur donnèrent le désir d'apprendre davantage ; ils visèrent plus haut que de savoir lire, écrire et calculer ; comme pour toutes les bonnes choses, plus on en a, plus on en veut avoir. Ils entendirent parler des Ecoles d'Arts et Métiers, mais les conditions d'entrée effrayaient maîtres et élèves.

Un de leurs camarades qui s'était fait préparer par des leçons particulières fut admis. Quel effet produisit ce succès ! L'ambition vint à plusieurs de tenter l'épreuve. Où l'un avait réussi, pourquoi d'autres ne réussiraient-ils pas ? Que de fois il leur avait été répété, pour les encourager, que tout ce qu'un élève a fait, tous doivent et peuvent essayer de le faire.

Elèves et maîtres, les uns excitant, les autres obéissant, tous animés d'un même désir, rendirent nécessaire la création d'un cours spécial. Mais il y avait une partie de l'examen qui consistait en une épreuve de travail manuel sur bois et sur fer. Je commençai par envoyer les candidats chez un serrurier et chez un menuisier voisins. Le succès répondit si bien à nos efforts que je fus obligé de demander à un industriel mieux outillé la faveur d'envoyer, dans ses ateliers, les élèves qui se préparaient pour l'Ecole d'Angers. Bientôt je m'aperçus du danger de mettre mes élèves en rapport direct avec les ouvriers et surtout avec les apprentis d'un grand atelier.

De là, l'idée d'introduire le travail manuel dans mon

école. Est-ce une raison (comme quelques personnes bienveillantes m'en ont attribué le mérite) d'avoir été l'initiateur de l'enseignement du travail manuel à l'école ? Je ne mérite point un tel honneur.

Dans l'ordre moral, comme dans l'ordre physique, rien ne se fait subitement. Dans les institutions humaines comme dans les inventions et les découvertes, il y a eu une idée première, née de la nécessité ou du hasard, et que les hommes ont ensuite développée. On attribue alors le mérite de la découverte, de l'invention, à celui qui le premier l'a fait connaître, l'a mis en usage. On y attache son nom. L'idée du travail manuel, entrée dans mon esprit, y trouva un terrain bien préparé. Il fallait la cultiver, la développer et enfin la réaliser.

J'ai essayé.

L'homme se compose d'un corps et d'une âme. Son éducation devra donc avoir pour but de cultiver l'un et l'autre pour arriver à un épanouissement complet, utile. Cultiver l'esprit seulement n'est point suffisant : si l'esprit s'éclaire, s'ennoblit, le corps s'étiole; si le corps seul agit, l'esprit s'engourdit, s'obscurcit.

Beaucoup de gens pensaient autrefois, et d'aucuns pensent encore aujourd'hui que si le travail intellectuel élève l'homme, il n'en est pas de même du travail manuel, matériel, qui le rabaisse. L'exercice, la culture de l'esprit ne sont point un travail, pensent-ils. Le travail du corps paraît mériter seul ce nom. Menés de front, ils se prêtent pourtant un mutuel appui; ils préparent une éducation complète. N'a-t-on pas pensé longtemps que le travail manuel est une punition, qu'il prouve une déchéance et que le travail d'esprit seul est noble?

De là deux classes qui se méprisaient réciproquement: celle des déshérités, qui ne travaillaient que des mains, celle dite des intellectuels, qui ne travaillaient que de la tête.

Et pourtant, tous étant de même origine, de même

nature, ne sont-ils pas également utiles? ensemble ne doivent-ils pas se considérer comme frères?

Au point de vue social, quel heureux rapprochement que cette éducation commune! Il y aura toujours des hommes qui auront plus d'adresse des mains, d'autres, plus d'aptitudes pour les travaux de l'esprit. Les facultés de l'esprit, les forces du corps existent chez tous, mais si elles sont semblables, elles ne sont pas égales. C'est à chacun de voir quelles sont ses aptitudes les plus marquées, afin de se rendre le plus utile possible à lui-même et aux autres.

Au point de vue moral, pendant l'enfance et l'adolescence qui sont l'âge de la culture intellectuelle, on ne peut pas plus travailler constamment du corps que de l'esprit. Le moyen le plus efficace n'est-il pas d'alterner, de se reposer d'un genre de travail en se consacrant à l'autre? tout se développe en même temps, et même on arrive à s'occuper toujours, sans se fatiguer jamais.

On a dit qu'à trente ans,

> .... des plaisirs détrompé,
> L'homme le plus heureux c'est le plus occupé.

Si le laboureur ne cultive pas soigneusement son champ, les mauvaises herbes l'envahissent, il n'en peut plus rien tirer. L'enfant, le jeune homme surtout, qui n'est pas occupé, s'abandonne aux rêveries qu'amènent les premiers instincts de la jeunesse. Souvent il en résulte chez lui une faiblesse du corps, et trop souvent une dépression de l'esprit.

Les occupations matérielles, telles que les exercices de travail manuel, en satisfaisant son besoin d'activité, sont un puissant moyen de combattre ce danger. L'esprit se repose pendant que le corps se fatigue. Il y a bien la gymnastique: l'enfant s'y adonne avec plaisir un moment, mais le jeune homme s'en dégoûte vite. Qui n'a remarqué, au contraire, avec quel empressement, quelle ardeur l'enfant, dès son plus jeune âge, aime à s'occuper comme les hommes, à faire quelque chose d'utile? Pourquoi ne pas tirer parti de cet instinct, de ce goût naturel?

Si, par la culture de l'esprit, vous préparez l'élève à la vie intellectuelle et aux professions où l'esprit a le plus de part, par la culture des facultés manuelles, vous le préparez à toutes les professions qui ont pour but la transformation et l'usage de la matière. En pratiquant dès le jeune âge cette double culture, on s'assurera promptement quelle sera celle pour laquelle l'élève aura le plus de goût et d'aptitude ; on ne s'exposera pas à une déception souvent sans remède. De là, nécessité d'introduire le travail manuel dans l'enseignement.

Usant du crédit comme toujours, j'installai deux étaux ; je me demandais avec inquiétude ce qu'ils allaient devenir. Ils sont devenus cent vingt et seraient devenus deux cent cinquante si j'avais eu la place et l'argent nécessaires pour satisfaire aux besoins et réaliser mes idées.

Après avoir commencé par des exercices très élémentaires, nous arrivâmes à construire des machines à vapeur et à travailler pour divers chantiers de la ville. Le Ministre de la marine nous autorisa à travailler pour l'usine d'Indret ; nous avions une clientèle, mais nous ne gagnions guère d'argent, naturellement. Aux expositions industrielles, nous avions toujours des diplômes d'honneur : à Angers, Paris, Londres, la Nouvelle-Orléans. En 1889, nous avons deux médailles d'or à l'Exposition universelle de Paris, la plus haute récompense accordée à des particuliers ; à Nantes, nous obtînmes un diplôme d'honneur hors concours ; mais comme il fallait combattre le mauvais vouloir ! J'eus toujours à souffrir de la jalousie à mon sujet : j'étais seul et sans appui. On accordait à ceux qui me copiaient les mêmes récompenses que celles que j'avais méritées par une longue vie de labeur et de sacrifices. Il faut bien, me disait-on, encourager les nouveau-venus, les étrangers ! C'est bien ; mais, tout en récompensant leurs efforts, il me semble qu'on aurait pu me laisser le profit de la supériorité de mon établissement, qui était reconnu au-dessus des autres établissements similaires.

En 1895, les élèves, encouragés par leurs succès, conçurent l'idée d'établir par eux-mêmes, comme ils l'avaient fait pour leur machine à vapeur, l'éclairage électrique dans l'établissement. Sous la direction de l'un d'eux et l'œil du maître, ils menèrent à bonne fin leur entreprise. Le travail achevé, ils invitèrent des ingénieurs, des amis de l'institution, des anciens élèves. Le triomphe fut complet. On prodigua les éloges ; on distribua des récompenses pour perpétuer le souvenir de cet événement. Une nouvelle gloire était acquise.

Ces encouragements firent naître le désir d'une autre entreprise.

L'occasion se présenta et fut saisie avec empressement.

Après une revue des pompes de la ville, il nous vint à l'idée, à mon fils et à moi, d'habituer nos élèves au fonctionnement des pompes à incendie. Nous pensions que la plupart des pensionnaires, habitant la campagne, deviendraient des élus municipaux, pourraient rendre de grands services en établissant un service de pompes dans leurs communes. Nous leur fimes part de cette idée, qu'ils accueillirent avec enthousiasme. Ils se réjouissaient de faire eux-mêmes la pompe d'apprentissage de leur nouvelle occupation. Nous en parlons au commandant de pompiers, qui goûta cette idée avec empressement.

Mais il fallait l'approbation de l'Administration. Nous nous adressâmes à l'adjoint chargé de ce service ; il nous objecta que la chose n'était pas possible : les établissements publics de la ville ne faisaient point cet exercice, on ne pouvait y autoriser un établissement privé.

En France, l'initiative privée est toujours sacrifiée à l'Administration, qui s'oppose à toute innovation dont elle n'a pas eu l'idée la première.

Heureusement que mon innovation d'enseignement technique avait échappé à son pouvoir.

M. Leloup, ancien directeur de l'École professionnelle et, depuis, maire de Nantes, me traitait d'*imbécile* pour avoir installé chez moi cet enseignement, qui était impossible dans les écoles, déclara-t-il dans une enquête signalée sur les registres du ministère de l'instruction publique.

(Voir ce registre, qui m'a été adressé par M. Gréard et dont j'ai fait hommage à la bibliothèque du Cercle pédagogique des instituteurs et institutrices de la Loire-Inférieure, Bourse du Travail, rue de Flandres, Nantes.)

Le Ministre de la marine décréta que les élèves de l'Institution, comme ceux des Écoles des arts et métiers, pourraient entrer dans la flotte, comme élèves-mécaniciens, sur la présentation du Directeur de l'Institution. Encore une fois, la jalousie se manifesta ; d'autres établissements demandèrent à jouir de la même faveur. On établit des concours ; mais nos élèves réussissaient si bien quand même, devenaient si nombreux, qu'un élève écrivait à sa mère : « Il en pleut des Livet, à Toulon. » Le même résultat était obtenu pour l'entrée à l'École des Arts, à Angers, où nous avons eu jusqu'à 21 élèves admis sur 100 élèves reçus dans trente-trois départements, c'est-à-dire plus du cinquième de la promotion.

Le travail du bois n'était pas aussi suivi : quelque bon menuisier que l'on soit, on est toujours ouvrier, tandis que, connaissant le travail du fer, on se dit facilement ingénieur. L'atelier du bois n'était fréquenté que par les élèves qui y trouvaient un exercice d'adresse et d'utilité domestique.

J'essayai aussi d'installer un atelier d'horlogerie : j'y réussis assez bien ; nous arrivâmes à faire des montres, mais il ne m'était pas facile de me procurer des professeurs, que je ne pouvais payer assez largement.

J'abandonnai ce projet ; il en fut de même du projet d'établissement d'une fonderie. Le modelage sur terre réussit mieux ; il est au dessin artistique ce que le travail sur fer et sur bois est au dessin linéaire. De très bons élèves en sont sortis et sont devenus des artistes, dessinateurs, peintres, sculpteurs et d'excellents professeurs.

Le travail manuel, d'ailleurs, n'est pas seulement utile à ceux qui veulent en faire une profession ; aujourd'hui, tout homme doit être soldat ; ne lui faut-il pas l'adresse des doigts pour démonter et remonter son fusil ? S'il est cavalier, artilleur, n'aura-t-il pas chaque jour l'occasion d'utiliser son adresse ?

Les bicycles, les automobiles, les machines à vapeur deviennent d'un usage général ; ne faudra-t-il pas, à chaque instant, se servir des outils du mécanicien : le marteau, le tournevis, la lime, etc. ? Quel est l'homme, magistrat, professeur, prêtre, employé quelconque, qui ne se sente le besoin, après l'immobilité du travail de bureau, de remuer bras et jambes ? Pourquoi ne satisferait-il pas cette nécessité en travaillant manuellement : mettre des clous, placer des étagères, fabriquer même les petits objets nécessaires, sans avoir recours à chaque instant à un ouvrier qu'il faut payer cher ? Il aura le droit d'exiger que chaque chose soit à sa place dans le ménage, quand il aura lui-même installé une place pour chaque chose. Au lieu d'aller dans un café, un cabaret, respirer un air vicié, il restera dans sa famille, où il prêchera d'exemple l'ordre, l'économie, qui maintiennent l'esprit de famille.

La vraie mère de famille n'agit-elle pas elle-même dans la maison ? Que d'argent elle économise par les mille petits travaux qu'elle exécute. L'harmonie dans le ménage s'affermira par cet empressement de chacun à se rendre utile.

L'ouvrier qui n'a pas d'instruction, se contente à peu près de la position où il est né ; il accepte non sans regrets, souvent même avec un peu d'envie, l'espèce d'infériorité où il se trouve ; il continue tranquillement, sans raisonner, ce qu'a fait son père, emploie les mêmes outils, répète les mêmes mouvements sans se demander s'il n'y aurait pas moyen de modifier sa manière de travailler, pour obtenir avec moins de peine un résultat plus prompt et meilleur sous tous les rapports.

L'homme instruit que le goût, ou l'occasion, amène à travailler manuellement, imite d'abord l'ouvrier, puis raisonne, se rend compte des procédés, et bientôt y découvre quelque simplification qu'il indique à son maître improvisé. L'homme cultivé a un grand avantage sur l'ignorant; s'il n'a pas toujours la même force corporelle, il a le développement de l'esprit, il raisonne, calcule tout ce qu'il fait; l'autre se contente d'imiter ce qu'il a vu faire: c'est la routine: le père faisant de telle façon, il agit de même; l'homme instruit essaye de simplifier, il perfectionne, il invente: c'est le progrès.

Un riche propriétaire, membre du Conseil général, vint un jour visiter l'Institution. En voyant les jeunes gens pleins d'ardeur à pousser la varlope ou la lime: « Que vous faites bien ! me dit-il, de les faire travailler ainsi; moi, je suis menuisier. Je travaille le bois pour me reposer du travail de la plume. Un jour je commande un travail chez mon menuisier. Je lui en donne le dessin qu'il ne comprend pas trop. Après beaucoup d'explications, il se met à l'ouvrage; il s'y prend mal, je le lui fais remarquer; il me regarde de son haut, avec l'orgueil que lui donne le sentiment de sa supériorité d'ouvrier sur moi, qui ne le suis pas, je suis un bourgeois. Devinant sa pensée, je jette mon paletot de côté, je prends ses outils, il me voit les manier comme s'ils m'étaient familiers, il est tout étonné de me voir m'en servir sans honte, et aussi adroitement que lui; il ne peut en revenir. Il est convaincu que son travail, exécuté par un monsieur riche et instruit, est honorable, et que l'instruction ne peut que contribuer à rendre un homme plus habile. Si l'homme instruit et riche ne le méprisait point, et s'intéressait à son travail, il devait lui aussi reconnaître la supériorité intellectuelle et la nécessité pour lui de rapprocher la distance qui le sépare de l'homme instruit. Celui-ci a fait le premier pas, en maniant ses outils; il doit faire le second en s'instruisant. Ne se retrouveront-ils pas d'ailleurs? il enverra son fils à l'école, comme le savant enverra le sien à l'atelier. Tous les deux se retrouveront au régiment où ils seront égaux. Ils en sortiront après avoir donné chacun la mesure de sa valeur personnelle. Ils se connaîtront mieux. Le rapprochement de la caserne a diminué la distance que mettaient entre eux, au dehors, la fortune, le savoir, la situation de la famille. Ils n'auront plus qu'une ambition commune, servir leur pays et concourir au perfectionnement de l'humanité.

Les plus heureux résultats ont récompensé les efforts des maîtres, la bonne volonté des élèves. Le silence systématique qui se fit sur l'établissement pendant de longues années n'était rompu que par les étrangers. Qui aurait osé, à Nantes, parler d'une maison qui grandissait dans le silence, par ses seuls résultats? Je ne fais exception que pour le Conseil général qui, seul, vota une légère subvention, et plus tard, des bourses pour les élèves du département.

La valeur des études, l'à-propos des installations faites d'après des conceptions nouvelles n'ont été appréciés que par des étrangers. Dès 1865 M. Glachant, inspecteur général, gendre de M. Duruy, ministre de l'Instruction publique, et M. Baudouin, inspecteur général, de passage à Nantes, vinrent, comme passe-temps, visiter un établissement indiqué sur l'annuaire, et dont personne ne leur avait parlé; il n'était guère qu'à son début. Ils parurent émerveillés: M. Baudouin, qui arrivait d'Allemagne, déclara qu'il n'avait rien vu de semblable, si ce n'est à Leipsig où il avait admiré un établissement similaire, mais de moindre importance. Quelques jours après, à mon grand étonnement, j'étais nommé officier d'académie, sans me rendre bien compte quelle était cette dignité dont j'avais à peine entendu parler. L'Inspecteur, qui ne savait rien, ni de la visite, ni de la nomination, fut chargé par le ministre de me remettre le brevet et les insignes de cette décoration si inattendue, devant les professeurs et les élèves; on jugera de sa mauvaise humeur, lui qui n'avait cessé d'user de son autorité pour me tourmenter.

En 1872, j'étais nommé officier de l'Instruction publique et en 1877, chevalier de la Légion d'honneur. Si quelques paroles d'étonnement et de jalousie furent prononcées par quelques voix administratives, que de consolations me furent apportées par des personnes amies qui appréciaient mes efforts et leurs résultats heureux.

M. Frédéric Passy, membre de l'Institut, fut un des premiers à faire connaître l'Etablissement, sur lequel il publia une brochure flatteuse. La *Revue scientifique* du 1er janvier 1876 publia un article très élogieux. M. Rambaud, délégué du ministre de l'Instruction publique de Belgique, dans un compte rendu sur l'Enseignement technique, déclare que l'Institution Livet est, au point de vue de l'installation des bâtiments, des ateliers, des collections et de l'outillage, ce qui existe incontestablement de mieux, de plus complet, parmi les établissements de ce genre. Un docteur italien, dans une intéressante brochure, propose l'Ecole Livet comme modèle aux écoles d'Italie.

Les membres du Congrès pour l'avancement des sciences, réunis à Nantes en 1875, déclarent que ce qui les a le plus intéressés à Nantes, c'est l'Etablissement Livet.

Les villes voisines envoient des architectes, des inspecteurs visiter l'Ecole afin d'en établir de semblables pour retenir chez eux les élèves que l'Institution attirait.

Il ne me manquait, à moi, qu'un peu d'aide pour doter la ville d'un Etablissement modèle, le mien étant déjà fréquenté par un grand nombre d'étrangers.

Mes élèves se sont répandus sur toute la terre, beaucoup dans les positions les plus honorables : professeurs de facultés, de lycées, d'écoles de tout genre; médecins, pharmaciens, vétérinaires, officiers supérieurs, employés des postes, des douanes, ingénieurs, magistrats, notaires, .. receveurs de l'enregistrement, industriels de toutes sortes, négociants. Beaucoup sont les maires des villes qu'ils habitent. Tous témoignent de la valeur des · études et surtout de l'éducation qu'ils ont reçue. Pas un n'a failli à l'honneur. Beaucoup ont vu leurs services récompensés par des décorations universitaires, par le Mérite agricole, et par la croix de la Légion d'honneur. Deux d'entre eux même m'ont choisi pour leur parrain. Ils m'ont procuré l'insigne honneur, le vif plaisir d'attacher la croix sur leur poitrine. Cette cérémonie se passa dans la cour de l'Eta-blissement, devant leur famille et au milieu de leurs jeunes camarades, au son de leur joyeuse fanfare.

Si j'ai cultivé dans le cœur de mes élèves tous les bons sentiments, ils m'en ont bien récompensé par la plus touchante preuve de leur grande reconnaissance. Pour me témoigner la perpétuité de leur souvenir, ils eurent, en 1891, la généreuse idée de m'offrir mon buste en bronze. Comment se faire l'idée de leur zèle, de leur empresse-ment à me rendre le plus agréable possible ce témoignage, si flatteur et si doux à mon cœur, de leur si vive, si inal-térable amitié. Ils s'adressèrent à un sculpteur de grand mérite : M. Lebourg, un nantais. Ils obtinrent de lui la représentation la plus parfaite de celui qui avait cultivé leur enfance et leur jeunesse, pour leur procurer l'inap-préciable avantage d'être devenus des hommes utiles.

La remise de ce souvenir si touchant fut l'objet d'une fête à laquelle ils convièrent les parents, les amis de l'Institution, et tous les anciens élèves depuis l'origine de l'Institution. Quelle belle fête, écrivit M. Passy; c'est la fête du cœur, s'écriaient de nombreux assistants. Que fut-elle pour moi qui en étais l'objet? Il est des sentiments trop vifs, trop profonds pour que les paroles puissent les exprimer; mais alors, le cœur gonflé s'épand en douces larmes de joie. C'est le seul langage qui puisse rendre un infini bonheur.

Deux ans plus tard arrivait le cinquantenaire de l'Institution. Ce fut pour mes élèves une occasion de manifester une seconde fois publiquement les sentiments qui les animaient toujours. Une plaque commémorative fut placée sur la maison, berceau de l'Institution 1846-1896. Une fête fut organisée dans le parc d'horticulture. Les élèves musiciens firent entendre aux assistants, en très grand nombre, les plus beaux morceaux de leur répertoire. On put admirer aussi les plus intéressants exercices de nos gymnastes.

Quelle joie pour tous ! et pour moi, quels touchants souvenirs ! C'est pour me permettre d'en jouir plus longtemps que de si longs jours me sont accordés. Que le ciel en soit béni !

Je viens de parler de la musique de l'établissement : elle me fut une grande joie. Tout Nantes a vu défiler les nombreux élèves, ayant en tête leur musique, que précédait le drapeau chargé de médailles, de palmes et de couronnes, gagnées dans de nombreux concours de musique. Chaque année, ils donnaient des fêtes où on se disputait les places ; le théâtre de la Renaissance ne suffisait jamais. Avec quelle habileté, quel dévouement, mon fils organisait ces fêtes ! Pendant plus de trente ans, il a inspiré et secondé mes efforts, en prenant la plus grande part à la direction et à la prospérité de l'établissement.

Si mes parents ont prodigué les plus grands soins à mon enfance, conduit et inspiré ma jeunesse avec une grande sollicitude, mon fils n'a cessé de prendre la plus grande part à mes travaux de l'âge mûr et de soutenir ma vieillesse avec un talent et un dévouement que, seul, peut donner le plus vif amour filial, appuyé, excité par le plus ardent désir de remplir un devoir sacré.

Je m'arrête sur ces derniers souvenirs.

Je termine ma carrière tout autrement que je ne l'avais rêvé dès ma plus tendre enfance. Je voulais devenir général et je mourrai instituteur, sans avoir la gloire d'avoir au moins écrit quelque ouvrage qui pût aider, éclairer ceux qui me suivent dans la même noble tâche. Je m'en console. Je n'ai point écrit, je n'en avais pas le talent. D'ailleurs les grands pédagogues, hommes de génie, ne l'ont-ils pas fait? Ils ont enseigné dans leurs écrits ce que j'ai voulu enseigner par la pratique. Si je n'ai point réussi autant que je l'ai désiré, j'ai montré le chemin. J'y ai mis la même application que j'aurais mise à devenir général, si j'avais suivi l'impulsion des goûts de mon jeune âge.

Mais je ne suis point devenu général. Général, aurais-je rendu les services que j'ai été si heureux de rendre pendant ma longue carrière? J'ai élevé une multitude d'hommes qui servent utilement et honorablement leur pays et, par suite, contribueront au progrès, à la marche de l'humanité vers une vie plus heureuse.

Aujourd'hui, je suis bien récompensé : je suis entouré d'une foule d'hommes qui reconnaissent mes efforts, me témoignent leur amitié, jusqu'à leur respect, dirais-je, si je pouvais le dire sans une pointe d'orgueil. Je ne regrette même pas les lauriers rêvés de victoires sanglantes qu'auraient payées de leur sang un grand nombre des soldats que j'aurais pu commander si mon désir s'était réalisé.

Combien m'est plus précieuse cette exclamation d'un homme du peuple ! On prononce mon nom devant lui : « Ah ! monsieur Livet, le grand fabricant de Français ! » Si ce cri d'un homme du peuple exprime un sentiment populaire, je le considère comme ma plus belle récompense. Combien j'en serais heureux ! Avant de mourir, j'aurais ressenti une grande joie, goûté un vrai bonheur : celui d'avoir été, dans la mesure de mes forces, utile à mon pays. En quittant la vie, je pourrais me dire : « J'ai réalisé le vœu que j'avais formé en arrivant ; j'ai conquis la ville où je suis arrivé inconnu. »

Puisse mon exemple servir à ceux qui entrent dans la vie sans fortune, avec une intelligence même ordinaire. Je voudrais les pénétrer de l'idée de travailler de toutes leurs forces pour arriver à un but élevé. L'homme grandit en prenant un grand but. Qu'il rève donc d'arriver très haut ; s'il ne monte pas aussi haut qu'il l'eût désiré, il se sera cependant élevé : c'est le but de la vie. Deux ailes lui sont indispensables pour s'élever : le travail et la conduite.

Travailler chaque jour à son perfectionnement ; chaque jour être utile à quelqu'un de ses semblables : tout est là ! C'est mon dernier conseil aux jeunes gens : ils pourront voir se réaliser ainsi, à leur mort, ces vers de La Fontaine, parlant de la fin de l'honnête homme :

> Approche-t-il du but, quitte-t-il ce séjour,
> Rien ne trouble sa fin : c'est le soir d'un beau jour.

NOTE DE L'ÉDITEUR

M. LIVET nous dit que, dans son jeune âge et sa jeunesse, il avait rêvé de devenir général ; son rêve ne s'est point réalisé, mais les circonstances semblent l'avoir dédommagé. Son portrait, peint par M. FOUGERAT, Directeur de l'École régionale des Beaux-Arts, a pris place au Musée de Nantes à côté de celui de M. le Général MELLINET. Quel jeu du sort !

www.ingramcontent.com/pod-product-compliance
Lightning Source LLC
Chambersburg PA
CBHW051118050726
47594CB00003B/854